Gesundheitsförderung und Gesundheitsberatung in der klinischen Psychologie

Die Prinzipal-Agent-Theorie, die Bedeutung von Compliance und Adhärenz für das individuelle Gesundheitsverhalten und sokratische Gesprächsführung

Niclas Gallwitz

Bibliografische Information der Deutschen Nationalbibliothek:

Die Deutsche Nationalbibliothek verzeichnet diese Publikation in der Deutschen Nationalbibliografie; detaillierte bibliografische Daten sind im Internet über http://dnb.d-nb.de abrufbar.

ISBN: 9783346887399
Dieses Buch ist auch als E-Book erhältlich.

Druck und Bindung: Books on Demand GmbH, Norderstedt Germany
Gedruckt auf säurefreiem Papier aus verantwortungsvollen Quellen

Das vorliegende Werk wurde sorgfältig erarbeitet. Dennoch übernehmen Autoren und Verlag für die Richtigkeit von Angaben, Hinweisen, Links und Ratschlägen sowie eventuelle Druckfehler keine Haftung.

Das Buch bei GRIN: https://www.grin.com/document/1362335

Einsendeaufgabe

Titel der Arbeit:

Gesundheitsförderung und -beratung in der klinischen Psychologie

Aufgabennummer:

C

SRH-Fernhochschule

Modul:

Klinische Psychologie II – Gesundheitsförderung und -beratung

Studiengang:

Psychologie B.Sc.

Verfasser:

Niclas Gallwitz

Inhaltsverzeichnis

Abkürzungsverzeichnis

Abb.	Abbildung
Aufl.	Auflage
bspw.	beispielsweise
bzw.	beziehungsweise
bzgl.	bezüglich
etc.	und die übrigen [Dinge] (lat.: et cetera)
GK	Gesundheitskompetenz
Hrsg.	Herausgeber
S.	Seite(n)
Vgl.	vergleiche
vs.	gegen / im Vergleich zu (lat.: versus)
z.B.	zum Beispiel

Abbildungsverzeichnis

1 Aufgabe 1

Im Folgenden werden die Begriffe „individuelle Gesundheitskompetenz" und „gesellschaftliche Gesundheitskompetenz" erläutert und voneinander abgegrenzt. Anschließend wird in diesem Kontext die Prinzipal-Agent-Theorie am Beispiel der Beziehung von Ärzten und Patienten beschrieben und aufgezeigt, welche Möglichkeiten beide Seiten haben, um Vertrauen aufzubauen. Abschließend wird in diesem Zusammenhang die Bedeutung von Compliance und Adhärenz für das individuelle Gesundheitsverhalten diskutiert und die Aussagen nachvollziehbar begründet.

1.1 Individuelle vs. gesellschaftliche Gesundheitskompetenz

Allgemein bezeichnet der Begriff der Gesundheitskompetenz (GK) das Wissen, die Motivation sowie die Fähigkeiten von Menschen, relevante Gesundheitsinformationen zu finden, zu verstehen, zu beurteilen und im Alltag anzuwenden. Die Gesundheitskompetenz spielt vor allem bei der Erhaltung der eigenen Gesundheit und der Bewältigung von Krankheiten eine wichtige Rolle.[1] Abzugrenzen sind die Begriffe der individuellen sowie der gesellschaftlichen Gesundheitskompetenz.

Die individuelle Gesundheitskompetenz bezieht sich dabei auf die Fähigkeit Gesundheitsinformationen zu verstehen, zu bewerten und anzuwenden, um auf die eigene Person bezogene gesundheitliche Entscheidungen treffen zu können und die eigene Gesundheit zu verbessern.[2] Ein Bericht der Weltgesundheitsorganisation (WHO) definiert die individuelle Gesundheitskompetenz konkret als "die Fähigkeit von Menschen, Gesundheitsinformationen und -dienstleistungen zu finden, zu verstehen, zu beurteilen und zu nutzen, um Entscheidungen zu treffen und ihre Gesundheit zu erhalten, zu verbessern oder zu bewahren".[3] Auch die Fähigkeit, Gesundheitsdienstleistungen effektiv zu nutzen und mit Gesundheitsfachleuten zu kommunizieren umfasst der Begriff der individuellen GK. Dabei

---

[1] Vgl. Bundesministerium für Gesundheit (2023)
[2] Vgl. Sørensen et al. (2012), S. 1-10
[3] Vgl. WHO (2013)

spielen sowohl kognitive Fähigkeiten als auch praktische Fähigkeiten eine Rolle.[4] Somit stellt die individuelle GK ein individuelles Merkmal dar und variiert dementsprechend von Person zu Person.[5] Eine begrenzte individuelle Gesundheitskompetenz kann dabei negative Auswirkungen auf die Gesundheit haben.[6]

Die gesellschaftliche Gesundheitskompetenz hingegen bezieht sich laut einem Bericht des Robert Koch-Instituts auf "das Zusammenspiel von Gesundheitssystem, Gesellschaft, Politik und Wissenschaft, um eine Umgebung zu schaffen, die es den Menschen erleichtert, gesundheitsrelevante Entscheidungen zu treffen und umzusetzen".[7] Die gesellschaftliche GK bezieht sich also nicht auf das Verständnis und die Fähigkeit einer einzelnen Person, sondern der Gesellschaft insgesamt. Dabei spielt sowohl die Fähigkeit der Gesellschaft Gesundheitsinformationen bereitzustellen als auch die Fähigkeit der Bevölkerung diese Informationen zu nutzen eine Rolle. Ein wichtiger Aspekt der gesellschaftlichen Gesundheitskompetenz ist die Förderung der Gesundheitskompetenz von benachteiligten Bevölkerungsgruppen, um die Gesundheitsungleichheit zu verringern.[8] Es geht dabei um die Fähigkeit, Informationen über Gesundheit zu erzeugen, zu verstehen und zu nutzen, um Gesundheitsentscheidungen treffen zu können. Eine hohe gesellschaftliche GK kann dazu beitragen, Gesundheitsunterschiede zu verringern und die Gesundheit der Bevölkerung insgesamt zu verbessern.[9] Im Gegensatz zur individuellen Gesundheitskompetenz, die sich auf die Fähigkeit einer einzelnen Person bezieht, ist die gesellschaftliche Gesundheitskompetenz ein Merkmal der Gesellschaft als Ganzes und bezieht sich dementsprechend auf die Verfügbarkeit und Qualität von Gesundheitsinformationen und -dienstleistungen sowie auf die Fähigkeit der Gesellschaft darauf angemessen zu reagieren.[10] Ein Konzept, das eng mit der gesellschaftlichen Gesundheitskompetenz verbunden ist, ist bspw. die "gesundheitsfördernde Gesamtschule". Diese zielt darauf ab eine gesundheitsfördernde Umgebung in Schulen zu schaffen, in der die

---

[4] Vgl. WHO (2013); Pförtner et al. (2016), S. 1-13
[5] Vgl. Sørensen et al. (2012), S. 1-10
[6] Vgl. Pförtner et al. (2016), S. 1-13
[7] Vgl. Jordan et al. (2016), S. 1-116
[8] Vgl. Sørensen et al. (2012), S. 1-10
[9] Vgl. Sørensen et al. (2015), S. 1053
[10] Vgl. Sørensen et al. (2012), S. 3-4; Sørensen et al. (2015), S. 1053

Schülerinnen und Schüler ihre individuelle Gesundheitskompetenz entwickeln und stärken können.[11]

1.2   Prinzipal-Agent-Theorie

In Bezug auf die Gesundheitskompetenz wird im Folgenden die sogenannte Prinzipal-Agent-Theorie erläutert. Diese beschreibt eine ökonomische Theorie, in der eine Person oder Organisation (der Prinzipal) eine andere Person oder Organisation (den Agenten) beauftragt, eine Aufgabe im Interesse des Prinzipals auszuführen. Dabei herrscht in der Beziehung zwischen dem Prinzipal und dem Agenten eine Asymmetrie von Informationen.[12] Die Theorie geht von der Grundannahme aus, dass rational handelnde Personen in ihrer Entscheidungsfindung eingeschränkt sind. Diese Einschränkungen entstehen durch die genannte Informationsasymmetrie.[13] Der Prinzipal verfügt dabei nicht über das Wissen und die Fähigkeiten, um die Handlungen des Agenten zu überwachen oder zu kontrollieren, während der Agent über Informationen verfügt, die der Prinzipal nicht hat.[14] Prinzipal und Agent verfolgen in der Regel unterschiedliche Ziele, was das Risiko für potenzielle Konflikte erhöhen kann. Die Ziele des Prinzipals sind meist klar definiert und können sogar messbar sein. Der Agent hingegen muss das Handeln des Prinzipals auf Grundlage unvollständiger Informationen beurteilen. Diese Asymmetrie kann zu einem Vertrauensproblem führen, da der Prinzipal nicht sicher sein kann, ob der Agent in seinem Interesse handelt.[15]

Im Kontext mit der Gesundheitskompetenz können Ärzte als Agenten angesehen werden, die im Auftrag ihrer Patienten handeln. Nach der Prinzipal-Agent-Theorie kann es aufgrund von Informationsasymmetrie zwischen Prinzipal und Agenten (in diesem Fall Patienten und Ärzte) zu einem Machtungleichgewicht kommen, wodurch das Vertrauen und die Effektivität der Zusammenarbeit beeinträchtigen werden. Der Patient ist möglicherweise nicht immer in der Lage, die Entscheidungen und Handlungen des Arztes vollständig verstehen oder überwachen zu können. Dabei besteht ein gewisses Maß an Unsicherheit, ob der Arzt tatsächlich

---

[11] Vgl. Pförtner et al. (2016), S. 1-13
[12] Vgl. Arrow (1985), S. 1
[13] Vgl. Wittke et al. (2021), S. 59
[14] Vgl. Arrow (1985), S. 1
[15] Vgl. Wittke et al. (2021), S. 59; Arrow (1985), S. 1-16

im Interesse des Patienten handelt oder ob er seine eigenen Interessen verfolgt.[16]

Um das Vertrauen zwischen Arzt und Patient aufzubauen, müssen beide Seiten bestimmte Maßnahmen ergreifen. Eine offene Kommunikation und Transparenz sind dabei förderlich. Der Arzt sollte Informationen klar und verständlich an den Patienten kommunizieren, damit dieser die Entscheidungen des Arztes besser nachvollziehen kann. Der Arzt kann zudem seine Handlungen und Entscheidungen transparent kommunizieren und den Patienten aktiv in den Entscheidungsprozess einbeziehen. Darüber hinaus kann es hilfreich sein, wenn der Arzt Fehler eingesteht und sich bemüht diese zu korrigieren. Auf der anderen Seite kann der Patient sicherstellen, dass er dem Arzt alle relevanten Informationen über seine Gesundheit und seine Symptome zur Verfügung stellt. Der Patient kann zudem aktiv nachfragen und versuchen, die Entscheidungen des Arztes besser zu verstehen, um ein besseres Verständnis der Behandlung zu erlangen. Darüber hinaus kann der Patient seine Erwartungen und Bedürfnisse darlegen, um somit eine offene Kommunikation mit dem Arzt aufrechtzuerhalten. Dabei sollten auch Bedenken geäußert werden und explizit nach zusätzlichen Informationen gefragt werden. Eine weitere Möglichkeit besteht darin, Vertrauen durch Verhaltenskodizes und Institutionen aufzubauen. Zum Beispiel können Ärzteorganisationen oder Krankenhäuser Richtlinien und Ethikrichtlinien für Ärzte erstellen, um sicherzustellen, dass die Patientenversorgung im Vordergrund steht. Patientenorganisationen können ebenfalls dazu beitragen, Vertrauen aufzubauen, indem sie Patienten unterstützen und Informationen bereitstellen.[17]

Der Aufbau von Vertrauen innerhalb der Arzt-Patienten-Beziehung kann zudem mit dem sogenannten Drei-Phasen-Modell von Petermann (1999) erklärt werden. Das Drei-Phasen-Modell beschreibt dabei den Aufbau von Vertrauen innerhalb einer Prinzipal-Agent-Beziehung.[18] Es besteht aus den drei Phasen der Basisvertrauensphase, der Leistungsvertrauensphase sowie der Beziehungsvertrauensphase. In der Basisvertrauensphase oder auch Vertrauensaufbauphase geht es darum, die grundsätzliche Vertrauenswürdigkeit des Agenten zu überprüfen. Dabei werden vor allem Verhaltensmuster beobachtet, um herauszufinden, ob

[16] Vgl. Böcken et al. (2012)
[17] Vgl. Thom & Ribisl (1990), S. 347-353
[18] Vgl. Petermann (1999), S. 170-182

der Agent die Erwartungen des Prinzipals erfüllt. Die Basisvertrauensphase ist besonders wichtig am Anfang einer Prinzipal-Agent-Beziehung und kann mehrere Monate bis Jahre dauern. In der Leistungsvertrauensphase oder Ergebnisvertrauensphase geht es darum, dass der Agent seine Fähigkeiten unter Beweis stellt und Leistungen erbringt, die den Erwartungen des Prinzipals entsprechen. In dieser Phase soll der Prinzipal die Leistungen des Agenten objektiv bewerten. In der Beziehungsvertrauensphase geht es um eine stärkere emotionale Bindung zwischen Prinzipal und Agent. Der Prinzipal vertraut dem Agenten nicht nur aufgrund von objektiv messbaren Leistungen, sondern auch aufgrund von persönlichen Erfahrungen und Eindrücken. In dieser Phase können auch persönliche Beziehungen zwischen Prinzipal und Agent entstehen.

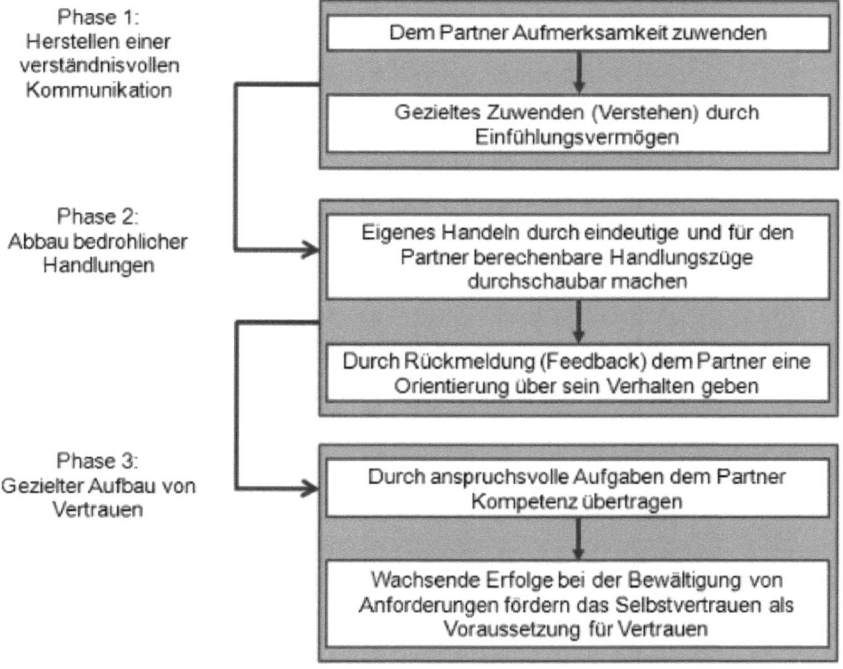

Abbildung 1: Drei-Phasen-Modell nach Petermann *(Quelle: Petermann (1999), S. 121)*

1.3   Die Bedeutung von Compliance und Adhärenz für das individuelle Gesundheitsverhalten

Compliance und Adhärenz sind Begriffe, die sich auf die Einhaltung der medizinischen Empfehlungen durch den Patienten beziehen. Compliance bezieht sich dabei auf die Bereitschaft des Patienten den Anweisungen des Arztes zu folgen, während Adhärenz ein breiterer Begriff ist, der sich auf die Einhaltung der gesamten Behandlung bezieht.[19] Compliance und Adhärenz sind für das individuelle Gesundheitsverhalten von großer Bedeutung, da sie dazu beitragen können, die Wirksamkeit einer Behandlung zu erhöhen und die Gesundheit des Patienten zu verbessern. Wenn ein Patient die empfohlene Behandlung nicht einhält, kann dies zu einer Verschlechterung seines Gesundheitszustands führen und die Wahrscheinlichkeit von Komplikationen und Krankenhausaufenthalten erhöhen. Eine hohe Compliance und Adhärenz können dagegen zu einer Verbesserung der Gesundheit und Lebensqualität des Patienten führen.

Es gibt jedoch auch verschiedene Faktoren, die die Compliance und Adhärenz beeinflussen können, wie beispielsweise die Schwere der Erkrankung, die Art der Behandlung, der Zugang zu Gesundheitsdiensten, das Alter des Patienten und sein Bildungsniveau. Auch psychologische Faktoren wie die Einstellung des Patienten zur Behandlung und seine Motivation können eine Rolle spielen. Um die Compliance und Adhärenz zu verbessern, können verschiedene Maßnahmen ergriffen werden. Gesundheitsdienstleister können bspw. sicherstellen, dass die Empfehlungen für den Patienten klar und verständlich kommuniziert werden und dass der Patient eine ausreichende Unterstützung erhält, um die Empfehlungen umzusetzen. Auch die Förderung der Gesundheitskompetenz des Patienten kann helfen, die Compliance und Adhärenz zu verbessern.

Insgesamt sind sowohl die Compliance als auch die Adhärenz wichtige Faktoren für das individuelle Gesundheitsverhalten und können dazu beitragen, die Wirksamkeit von Behandlungen zu erhöhen und die Gesundheit und Lebensqualität von Patienten zu verbessern.

---

[19] Vgl. Di Matteo (2004), S. 200-209

2 Aufgabe 2

Im Folgenden werden die Begrifflichkeiten der Psychotherapie und der Beratung voneinander abgegrenzt. Dabei werden sowohl Unterschiede als auch Überschneidungen herausgestellt sowie anschließend konkrete Fallbeispiele erarbeitet, um die jeweiligen Unterschiede zu verdeutlichen.

2.1 Psychotherapie vs. Beratung

Die Psychotherapie und die Beratung sind zwei verschiedene Ansätze, die sich zwar in einigen Aspekten überschneiden, aber auch deutliche Unterschiede aufweisen.

Die Psychotherapie ist ein strukturiertes Verfahren, das darauf abzielt, psychische Störungen und psychische Belastungen zu behandeln. Dabei kommen spezifische Methoden und Techniken zum Einsatz, um tiefgreifende Veränderungen im Denken, Fühlen und Handeln zu erreichen. Psychotherapie findet in der Regel in einer therapeutischen Beziehung statt und umfasst auch die Analyse der Ursachen und Hintergründe von Problemen. In der Regel wird eine Therapie von ausgebildeten Psychotherapeut:innen durchgeführt, die über eine entsprechende Qualifikation und Zulassung verfügen.[20] Die Psychotherapie basiert dabei auf einem professionellen Verhältnis zwischen einem Psychotherapeuten und einem Klienten. Der Psychotherapeut nutzt verschiedene therapeutische Methoden, um dem Klienten zu helfen, seine Gedanken, Gefühle und Verhaltensweisen besser zu verstehen und positive Veränderungen herbeizuführen.[21] Die Psychotherapie kann sowohl bei akuten psychischen Problemen als auch bei langfristigen psychischen Störungen angewendet werden.[22] Der genaue Ablauf und die Dauer einer Psychotherapie variieren je nach individuellen Bedürfnissen und Zielen des Klienten sowie der therapeutischen Methoden, die angewendet werden.[23]

Auf der anderen Seite steht der Ansatz der Beratung, die ein Unterstützungsangebot darstellt, welches darauf abzielt Menschen bei der Lösung konkreter Probleme und Herausforderungen zu unterstützen. Beratung kann zu verschiedenen

---

[20] Vgl. Schulte (2013), S. 22-30
[21] Vgl. Lambert & Bergin (1994), S. 143
[22] Vgl. National Institute for Health and Care Excellence (2011)
[23] Vgl. APA (2017)

Themen und in verschiedenen Kontexten erfolgen, z.B. bei beruflichen, privaten oder persönlichen Fragen. Dabei stehen konkrete Lösungsansätze im Vordergrund, um das Ziel der Beratung zu erreichen. Eine Beratung kann dabei von verschiedenen Personen und Fachkräften durchgeführt werden wie z.B. von Coaches oder psychologischen Beratern.[24] Auch die Beratung basiert auf einem professionellen Prozess, bei dem Psychologen oder psychologische Berater Einzelpersonen oder Gruppen unterstützen, um psychische Gesundheit, Wohlbefinden und persönliche Entwicklung zu fördern. Die Hauptziele der Beratung sind die Bereitstellung von emotionaler Unterstützung, die Förderung von Selbstreflexion und persönlichem Wachstum sowie die Unterstützung bei der Bewältigung von Herausforderungen und Problemen im Leben.[25]

Grundsätzlich überschneiden sich Psychotherapie und Beratung in Bezug auf die Zielsetzung und deren Prozesse. Beide Ansätze zielen darauf ab, Menschen bei der Bewältigung von Problemen und der Verbesserung ihrer Lebensqualität zu unterstützen. Auch der Aufbau einer vertrauensvollen Beziehung gemäß der Prinzipal-Agent-Theorie spielt bei beiden Ansätzen eine große Rolle. Allerdings unterscheiden sich Psychotherapie und Beratung in Bezug auf die Intensität, Dauer und Tiefe der Arbeit sowie in Bezug auf die Art der Unterstützung und Intervention. Psychotherapie ist in der Regel tiefergehend und langfristiger angelegt als eine Beratung und zielt darauf ab, tieferliegende psychische Probleme und Störungen zu behandeln. Die Beratung hingegen ist in der Regel kurzfristiger und lösungsorientierter angelegt und fokussiert sich auf konkrete Probleme und Herausforderungen.[26]

2.2   Fallbeispiele

Im Folgenden werden zwei verschiedene Fallbeispiele herausgearbeitet, um die Unterschiede von Psychotherapie und Beratung zu verdeutlichen. Bei den genannten Fallbeispielen handelt es sich um eine hypothetische Situation, die nicht auf konkrete Fälle verweisen soll. Es werden lediglich mögliche Aspekte und Verläufe anhand der erläuterten theoretischen Grundlagen dargestellt.

---

[24] Vgl. Baltes (2011)
[25] Vgl. APA (2020)
[26] Vgl. Schulte (2013), S. 22-30

2.2.1 Fallbeispiel Psychotherapie

Im Folgenden wird das Fallbeispiel von Anna beschrieben. Anna ist 32 Jahre alt und leidet seit Jahren unter depressiven Verstimmungen. Sie hat bereits mehrere Anläufe unternommen, um diese in den Griff zu bekommen. Nach einem erneuten Zusammenbruch sucht sie schließlich eine Psychotherapeutin auf. Im Rahmen der Psychotherapie erarbeitet sie gemeinsam mit ihrer Therapeutin die Ursachen und Hintergründe ihrer Depressionen und lernt, mit ihren negativen Gedanken und Gefühlen umzugehen. Die Therapeutin setzt dabei verschiedene Methoden ein, um Anna bei der Bewältigung ihrer Probleme zu unterstützen. Die Psychotherapie erstreckt sich über mehrere Monate und umfasst in der Regel wöchentliche Sitzungen. Im Laufe der Zeit lernt Anna, ihre Depressionen besser zu verstehen und zu kontrollieren und kann schließlich ihr Leben wieder in den Griff bekommen.

Im Verlauf der Psychotherapie erarbeitet Anna gemeinsam mit ihrer Therapeutin die Ursachen und Hintergründe ihrer depressiven Verstimmungen. Sie erforschen ihre Lebensgeschichte, vergangene Erfahrungen und aktuelle Stressoren, um ein umfassendes Verständnis für die Entstehung der Depressionen zu entwickeln. Durch den Einsatz verschiedener therapeutischer Methoden wie der kognitiven Verhaltenstherapie und tiefenpsychologischen Ansätzen hilft die Therapeutin Anna dabei, mit ihren negativen Gedanken und Gefühlen umzugehen. In der kognitiven Verhaltenstherapie werden negative Denkmuster und Überzeugungen identifiziert und durch realistischere und konstruktivere Gedanken ersetzt.[27] Die tiefenpsychologischen Ansätze ermöglichen es Anna, unbewusste Konflikte und emotionale Muster zu erkennen und zu bearbeiten, die zur Aufrechterhaltung ihrer Depressionen beitragen könnten. Durch das Erkennen und Verarbeiten dieser zugrunde liegenden Probleme kann Anna Veränderungen in ihrem Denken, Fühlen und Verhalten herbeiführen. Die Psychotherapie erstreckt sich über mehrere Monate und beinhaltet in der Regel wöchentliche Sitzungen. Dies ermöglicht einen kontinuierlichen therapeutischen Prozess, in dem Anna Raum hat, ihre Fortschritte zu reflektieren, Schwierigkeiten anzusprechen und Unterstützung zu erhalten.[28] Im Verlauf der Psychotherapie lernt Anna, ihre

---

[27] Vgl. Beck (2011)
[28] Vgl. National Institute for Health and Care Excellence (2011)

Depressionen besser zu verstehen und zu kontrollieren. Sie entwickelt Bewälti-gungsstrategien und lernt, mit negativen Gedanken und Gefühlen konstruktiv um-zugehen. Die Therapeutin unterstützt sie dabei, neue Verhaltensweisen zu erler-nen und positive Veränderungen in ihrem Leben umzusetzen.[29] Durch die konti-nuierliche therapeutische Arbeit kann Anna schließlich ihr Leben wieder in den Griff bekommen. Sie erfährt eine Verbesserung ihres psychischen Wohlbefin-dens, kann ihre Symptome reduzieren und eine gesteigerte Lebensqualität errei-chen.[30] Die Entscheidung, eine Psychotherapie zu beginnen, wurde von Anna getroffen, nachdem sie einen erneuten Zusammenbruch erlebt hat. Dies zeigt, dass die Motivation zur Veränderung ein wichtiger Faktor für den Erfolg der Psy-chotherapie sein kann. Psychotherapie ist ein Prozess, der Zeit, Engagement und Kontinuität erfordert. Die wöchentlichen Sitzungen bieten Anna die Möglich-keit, regelmäßig an ihren Problemen zu arbeiten und die Unterstützung der The-rapeutin zu erhalten. Die Einbindung verschiedener therapeutischer Methoden und Ansätze, wie in diesem Fall die kognitive Verhaltenstherapie und tiefenpsy-chologische Ansätze, ermöglicht es der Therapeutin, Anna eine individualisierte Behandlung anzubieten, die ihren Bedürfnissen und Zielen entspricht.[31] Die Psy-chotherapie bietet Anna einen geschützten Raum, in dem sie ihre Gedanken, Gefühle und Erfahrungen offen teilen und erforschen kann. Das Verständnis der Ursachen und Hintergründe ihrer Depressionen unterstützt sie dabei, tieferlie-gende Themen anzusprechen und positive Veränderungen herbeizuführen.[32] Es ist wichtig zu beachten, dass der Verlauf einer Psychotherapie individuell variie-ren kann. Einige Menschen können innerhalb weniger Monate positive Verände-rungen erleben, während andere eine längere Zeit benötigen. Der Therapieerfolg hängt von vielen Faktoren ab, einschließlich der individuellen Umstände und der Zusammenarbeit zwischen dem Klienten und dem Therapeuten.[33]

2.2.2 Fallbeispiel Beratung

Im Folgenden Beispiel wird der Fall von Max betrachtet. Max ist 25 Jahre alt und sucht nach seinem abgeschlossenen Bachelor-Abschluss einen Karriereberater

---

[29] Vgl. Lambert & Bergin (1994), S. 143-189
[30] Vgl. APA (2013)
[31] Vgl. Beck (2011)
[32] Vgl. APA (2013)
[33] Vgl. Lambert & Bergin (1994), S. 143-189

auf, um Unterstützung bei der Jobsuche zu erhalten. In der Beratung erarbeitet er gemeinsam mit dem Berater seine Stärken und Schwächen und entwickelt Strategien zur Verbesserung seines Lebenslaufs und seiner Bewerbungsunterlagen. Der Berater gibt ihm auch Tipps zur Jobsuche und zur Vorbereitung auf Vorstellungsgespräche. Die Beratung umfasst in der Regel wenige Sitzungen und ist auf die konkreten Herausforderungen der Jobsuche ausgerichtet. Im Verlauf der Beratung ermutigt der Karriereberater Max, eine Selbstreflexion durchzuführen, um seine eigenen Stärken, Fähigkeiten und Interessen besser zu verstehen. Diese Selbstreflexion ermöglicht es Max, eine klarere Vorstellung von seinen beruflichen Zielen und Präferenzen zu entwickeln, was wiederum bei der gezielten Jobsuche hilfreich ist.

Der Berater arbeitet mit Max zusammen, um seine Schwächen zu identifizieren und Strategien zur Verbesserung zu entwickeln. Durch diese Auseinandersetzung mit seinen Schwächen erhält Max die Möglichkeit, an ihnen zu arbeiten und seine berufliche Entwicklung zu fördern. Der Berater unterstützt Max auch dabei, seinen Lebenslauf und seine Bewerbungsunterlagen zu optimieren. Dies beinhaltet möglicherweise das Hervorheben relevanter Erfahrungen, Fähigkeiten und Qualifikationen, um seine Chancen auf eine erfolgreiche Bewerbung zu erhöhen. Der Karriereberater bietet Max praktische Tipps zur Jobsuche, einschließlich Ratschlägen zur effektiven Nutzung von Online-Jobbörsen, zur Netzwerkarbeit und zur Bewerbungsstrategie. Dies ermöglicht Max, seine Bewerbungen gezielter und effektiver zu gestalten.

Die Beratungssitzungen sind darauf ausgerichtet, konkrete Herausforderungen im Zusammenhang mit der Jobsuche anzugehen. Der Fokus liegt darauf, Max dabei zu unterstützen, seine beruflichen Ziele zu erreichen und eine Stelle zu finden, die seinen Interessen und Fähigkeiten entspricht.[34]

---

[34] Vgl. Capuzzi & Stauffer (2016)

3 Aufgabe 3

Im Folgenden wird erläutert, inwiefern sich über die sokratische Gesprächsführung „Resilienz" und „Stressoren" beeinflussen lassen. Dabei wird zunächst darauf eingegangen, was die "Sokratische Gesprächsführung" kennzeichnet, was sie bewirkt und in welchen Beratungssituationen sie sich besonders eignet.

3.1 Die sokratische Gesprächsführung

Die sokratische Gesprächsführung ist eine Methode des Dialoges, die auf den Philosophen Sokrates (469 v.Chr. – 399 v.Chr.) zurückgeht. Ziel dieser Methode ist es, durch eine kritische Auseinandersetzung mit den eigenen Gedanken und Überzeugungen zu einem tieferen Verständnis einer bestimmten Thematik zu gelangen. Das Gespräch zeichnet sich dabei durch eine bestimmte Struktur aus, bei der ein Gesprächsleiter Fragen stellt und den Gesprächspartnern dabei hilft, ihre eigenen Überzeugungen und Annahmen zu hinterfragen. Dabei soll das Gespräch z.B. zu der Erreichung von Klarheit, der Entdeckung von Widersprüchen oder dem Hinterfragen von Vorurteilen führen.[35] Die Beschreibung der sokratischen Gesprächsführung basiert auf den Werken von Platon und Xenophon. Da Sokrates selbst keine schriftlichen Aufzeichnungen hinterließ, sind die Dialoge von Platon und die Erinnerungen von Xenophon die Hauptquellen für unser heutiges Verständnis dieser Methode.[36]

Die sokratische Gesprächsführung wird durch bestimmte Merkmale gekennzeichnet. Das Gespräch zeichnet sich vor allem durch seine Offenheit aus. Alle beteiligten Personen haben dabei die Möglichkeit, ihre Meinungen und Gedanken frei zu äußern. Eine offene und ehrliche Diskussion, bei der die Gesprächspartner bereit sind, ihre Meinungen und Vorstellungen zu hinterfragen und neue Perspektiven zu betrachten, ist dabei eine wichtige Grundlage. Durch gezieltes Fragen werden zudem die eigenen Überzeugungen und Gedanken kritisch hinterfragt und alternative Perspektiven in Betracht gezogen. Dabei werden ironische Bemerkungen verwendet, um die Meinungen anderer zu hinterfragen und ihre Widersprüche aufzudecken. Darüber hinaus wird eine spezifische

---

[35] Vgl. Stavemann (2015), S. 19
[36] Vgl. Finley (1979), S. 278-286

Fragetechnik genutzt, bei der eine Serie von Fragen gestellt werden, um die Denkweise des Gesprächspartners zu erforschen. Selbstreflexion ist ebenfalls ein wichtiges Merkmal. Das Ziel der sokratischen Gesprächsführung ist es, durch eine kritische Auseinandersetzung mit den eigenen Gedanken und Überzeugungen zu einem tieferen Verständnis der Thematik zu gelangen. Das Gespräch soll zudem als Dialog auf Augenhöhe geführt werden und nicht als einseitige Argumentation oder Belehrung. Dabei wird auch eine einfache und verständliche Sprache während des Gesprächs angestrebt, um komplexe Ideen und Konzepte zugänglicher zu machen.

Grundsätzlich lassen sich drei Arten von sokratischer Gesprächsführung unterscheiden. Die explikativen sokratischen Dialoge konzentrieren sich dabei auf Begriffsdefinitionen und -erklärungen. Der Dialog beginnt mit konkreten Beispielen aus dem Alltag und endet mit einer funktionalen Definition. Die normativen sokratischen Dialoge überprüfen, ob Handlungen oder Einstellungen der beratenen Person mit ihrem moralischen Grundverständnis übereinstimmen. Ziel dabei ist es, Konflikte aufzulösen, indem die am wenigsten moralisch schädigende Variante identifiziert wird. Funktionale sokratische Dialoge hinterfragen wiederum, ob Handlungen oder Einstellungen der beratenen Person im Hinblick auf ihre Ziele sinnvoll sind. Das Ziel besteht darin, die am wenigsten zielbeeinträchtigende Variante zu finden.[37]

Die sokratische Gesprächsführung kann in verschiedenen Beratungssituationen eingesetzt werden, um den Klienten dabei zu helfen, ein tieferes Verständnis für seine eigenen Gedanken und Überzeugungen zu entwickeln. Durch gezieltes Hinterfragen und kritisches Denken kann der Klient seine Denkweise erweitern und alternative Perspektiven in Betracht ziehen, was zu einem besseren Verständnis der eigenen Situation und Probleme führen kann. Besonders geeignet ist die sokratische Gesprächsführung in Situationen, in denen es darum geht, komplexe Probleme zu lösen oder schwierige Entscheidungen zu treffen. In der Therapie kann sie bspw. eingesetzt werden, um den Klienten dabei zu helfen, seine Denkmuster und Überzeugungen zu hinterfragen und alternative Perspektiven zu entwickeln. Auch in der Beratung von Führungskräften oder im Coaching kann die sokratische Gesprächsführung genutzt werden, um den Klienten dabei

---

[37] Vgl. Stavemann (2015), S. 251-252

zu unterstützen, Entscheidungen auf der Grundlage eines tieferen Verständnisses seiner eigenen Gedanken und Überzeugungen zu treffen. Eine systematische Überprüfung von 17 Studien, die die Wirksamkeit der sokratischen Gesprächsführung in der Therapie untersucht haben, kam zu dem Schluss, dass die sokratische Gesprächsführung in der Lage ist, positive Veränderungen in der Denkweise, emotionalen Regulation und Selbstwahrnehmung der Klienten zu bewirken.[38]

3.2 Die sokratische Gesprächsführung im Zusammenhang mit Resilienz und Stressoren

Stressoren sind Faktoren oder genauer gesagt externe und interne Reize, die mit einer höheren Wahrscheinlichkeit Stressgefühle auslösen und somit eine Stressreaktion in Form von psychischem Verhalten oder Zuständen hervorrufen. Stressoren können von unterschiedlicher Art sein und je nach ihrer Ursache in verschiedene Belastungsquellen eingeteilt werden. Es lassen sich Faktoren aus dem materiell-technischen Bereich (z. B. Zeitdruck oder Lärm), dem sozialen Umfeld (z. B. Konflikte mit nahestehenden Personen) und dem persönlichen Bereich (z. B. individuelle Eigenschaften) unterscheiden.[39] Die Wahrnehmung von Stressoren als belastend hängt davon ab, welchen Stellenwert ihnen beigemessen wird. Sobald Stressoren als belastende psychische und körperliche Spannungszustände wahrgenommen werden, führt dies zu einer Mobilisierung aller verfügbaren Ressourcen und Fähigkeiten, um mit der Situation umzugehen. Das Vorhandensein angemessener Bewältigungsstrategien und Ressourcen erhöht die Wahrscheinlichkeit, diese Spannungen wieder auszugleichen.[40]

Der Begriff Resilienz bezieht sich auf die positiven Anpassungsprozesse oder Phänomene eines Individuums trotz des Vorhandenseins von Risikofaktoren.[41] Der Begriff Resilienz kann als Synonym für Widerstandskraft verwendet werden. Dabei beschreibt Resilienz das Ausmaß der Widerstandskraft einer Person, um negativen Einflüssen standzuhalten, ohne dabei etwa eine psychische Störung

---

[38] Vgl. Stiles & Shapiro (1994)
[39] Vgl. Schaper (2019), S. 575, zitiert nach Anonym (2022), S. 7
[40] Vgl. Vogt (2019), S. 30, zitiert nach Anonym (2022), S. 7
[41] Vgl. Reimann & Hammelstein (2006), S. 18, zitiert nach Anonym (2022), S. 7

zu entwickeln.[42] Resilienzfaktoren treten grundsätzlich auf drei Ebenen auf: der individuellen, der sozialen und der gesellschaftlichen Ebene. Beispiele für Faktoren auf individueller Ebene sind Persönlichkeitsmerkmale, Kompetenzen oder physiologische Faktoren. Faktoren auf der sozialen Ebene umfassen soziale Beziehungen, hauptsächlich Familie und Gleichaltrige. Faktoren auf gesellschaftlicher Ebene beziehen sich auf Einflüsse, die durch gesellschaftliche Normen bedingt sind, sowie die Verfügbarkeit gesellschaftlicher Ressourcen.[43]

In Bezug auf Resilienz und Stressoren kann die sokratische Gesprächsführung helfen, ein tieferes Verständnis für die eigenen Gedanken und Überzeugungen zu entwickeln und so eine resilientere Haltung gegenüber Stressoren zu erreichen, indem eigene Überzeugungen und Gedanken kritisch hinterfragt werden und alternative Perspektiven in Betracht gezogen werden.

Durch den Einsatz der sokratischen Gesprächsführung und die damit verbundene Reflexion wird die Selbstbestimmung gefördert und somit das Selbstbewusstsein gestärkt. Darüber hinaus führt die Bildung autonomer Definitionen zu lebensphilosophischen Fragen und Problemen zur Stärkung des Kohärenzsinns. Dieser Sinn bezieht sich auf das anhaltende und dennoch dynamische Gefühl des Vertrauens in die Erklärbarkeit der Umwelt und die Bewältigung von Herausforderungen. Stressoren, deren Folgen zuvor als unvorhersehbar galten, können durch die Anwendung der sokratischen Gesprächsführung sinnvoll, strukturiert und erklärbar eingeordnet werden. Im Hinblick auf die Förderung Resilienz fördernder Bewältigungsstrategien ermöglicht die sokratische Gesprächsführung durch die Verbalisierung der bestehenden Problematik, die Reflexion und den resultierenden Perspektivwechsel die Entwicklung oder Erweiterung adaptiver Bewältigungsstile wie problemorientiertes Vorgehen (Analyse der Situation, systematisches Vorgehen), bedeutungsfokussiertes Bewältigen (Herstellung von Sinn, positive Interpretation), emotionsfokussiertes Bewältigen (sich selbst ermutigen oder beruhigen) und beziehungsfokussiertes Bewältigen (Unterstützung suchen, sich austauschen). Dadurch wird der Umgang mit Stressoren erleichtert.[44]

---

[42] Vgl. Margraf & Schneider (2009), S. 718, zitiert nach Anonym (2022), S. 7
[43] Vgl. Reimann & Hammelstein (2006), S. 18, zitiert nach Anonym (2022), S. 7
[44] Vgl. Ehlert (2018), S. 727; Vgl. Rolfe (2019), S. 108, zitiert nach Burchard (2021), S. 7-8

Literaturverzeichnis

American Psychiatric Association (2013). Diagnostic and statistical manual of mental disorders (5. Aufl.). Arlington, VA: American Psychiatric Publishing.

American Psychological Association (2017). Understanding psychotherapy and how it works. https://www.apa.org/topics/psychotherapy.

American Psychological Association (2020). What is counseling psychology? https://www.apa.org/topics/counseling/index.

Anonym (2022). Klinische Psychologie II. Sokratische Gesprächsführung, Empowerment, der lösungsorientierte Beratungsansatz sowie das Phasenmodell nach Cullen (2002). München: GRIN Verlag, https://www.grin.com/document/1245661

Arrow, K.J. (1985). The economics of agency. The principal-agent problem.

Beck, J.S. (2011). Cognitive behavior therapy: Basics and beyond (2. Aufl.). New York, NY: The Guilford Press.

Berkman, N.D.; Sheridan, S.L.; Donahue, K.E.; Halpern, D.J.; Crotty, K. (2011). Low health literacy and health outcomes: an updated systematic review. Annals of internal medicine, 155(2).

Burchard, A.M. (2021). Problemfelder der klinischen Psychologie. Sokratischer Dialog, kognitiv-behavioraler und klientenzentrierter Ansatz sowie psychologische Beratung versus Psychotherapie. München: GRIN Verlag, https://www.grin.com/document/1006278.

Böcken, J.; Braun, B.; Meierjürgen, R.; Mielck, A. (2012). Gesundheitsmonitor 2012: Bürgerorientierung im Gesundheitswesen-Köln. Asgard-Verlag.

Capuzzi, D.; Stauffer, M.D. (2016). Career Counseling: Foundations, Perspectives, and Applications. Taylor & Francis.

DiMatteo, M.R. (2004). Variations in patients' adherence to medical recommendations: a quantitative review of 50 years of research. Medical care, 42(3), 200-209.

Finley, M.I. (Hrsg.) (1979). "Sokrates und Platon." In Die Welt des klassischen Altertums. Fischer Taschenbuch Verlag.

Jordan, S.; Hoebel, J. (2016). Gesundheitskompetenz in Deutschland: Aktueller Stand und Handlungsbedarf. RKI-Berichte, 1-116.

Lambert, M.J.; Bergin, A.E. (1994). The effectiveness of psychotherapy. In A. E. Bergin & S. L. Garfield (Eds.), Handbook of psychotherapy and behavior change (4. Aufl.). New York, NY: John Wiley & Sons.

Nutbeam, D. (2008). The evolving concept of health literacy. Social Science & Medicine, 67(12), 2072-2078.

National Institute for Health and Care Excellence. (2011). Common mental health disorders: Identification and pathways to care (Clinical guideline CG123). https://www.nice.org.uk/guidance/cg123.

Petermann, M. (1999). Vertrauen in der Prinzipal-Agent-Theorie: Analyse der Determinanten und Entwicklung eines Konzepts für das Vertrauensmanagement. Physica-Verlag.

Pförtner, T.K.; Hublet, A.; Schnohr, C.W.; Rathmann, K.; Moor, I.; de Looze, M.E.; Richter, M. (2016). Individual and school level effects of perceived harm, perceived availability, and community harm on cannabis use among Canadian youth: a multilevel analysis. Substance Abuse Treatment, Prevention, and Policy, 11(1).

Stavemann, H.H. (2015). Sokratische Gesprächsführung. In Therapie und Beratung (3. Aufl.). Beltz.

Sørensen, K.; Van den Broucke, S.; Pelikan, J.M.; Fullam, J.; Doyle, G.; Slonska, Z.; Consortium Health Literacy Project EU. (2012). Measuring health literacy in populations: illuminating the design and development process of the European Health Literacy Survey Questionnaire (HLS-EU-Q). BMC public health, 12(1).

Sørensen, K.; Pelikan, J.M.; Röthlin, F.; Ganahl, K.; Slonska, Z.; Doyle, G.; Brand, H. (2015). Health literacy in Europe: comparative results of the European health literacy survey (HLS-EU). European Journal of Public Health, 25(6).

Thom, D.H.; Ribisl, K.M. (1990). Health care interactions: What factors influence patients to trust their providers?. Journal of general internal medicine, 5(5), 347-353.

WHO. (2013). Health literacy: the solid facts. World Health Organization Regional Office for Europe.